Der Knuth-Morris-Pratt Algorithmus von 1977

Johannes Dieker

Bibliografische Information der Deutschen Nationalbibliothek:

Die Deutsche Nationalbibliothek verzeichnet diese Publikation in der Deutschen Nationalbibliografie; detaillierte bibliografische Daten sind im Internet über http://dnb.d-nb.de abrufbar.

ISBN: 9783346616920
Dieses Buch ist auch als E-Book erhältlich.

© GRIN Publishing GmbH
Nymphenburger Straße 86
80636 München

Druck und Bindung: Books on Demand GmbH, Norderstedt Germany
Gedruckt auf säurefreiem Papier aus verantwortungsvollen Quellen

Das vorliegende Werk wurde sorgfältig erarbeitet. Dennoch übernehmen Autoren und Verlag für die Richtigkeit von Angaben, Hinweisen, Links und Ratschlägen sowie eventuelle Druckfehler keine Haftung.

Das Buch bei GRIN: https://www.grin.com/document/1185621

Algorithmen und Datenstrukturen

WS 2019/20

Seminararbeit über das Thema

Knuth-Morris-Pratt Algorithmus

Autor:	Johannes Dieker
Studiengang:	Informatik.Softwaresysteme
Abgabedatum:	03.12.2019

Inhalt

1 Einleitung

Für verschiedene Anwendungen ergibt sich die Aufgabenstellung, in einem Text ein bestimmtes Suchmuster (engl. *Pattern*) zu finden. Dabei kann der Text sehr groß sein. Deshalb ist es wichtig, dass der verwendete Algorithmus effizient ist und auch für große Datensätze eine kurze Laufzeit aufweist.
5 Der Knuth-Morris-Pratt Algorithmus ist ein Ansatz, diese Aufgabe zu erfüllen.

Professor Stephen A. Cook war der erste, der 1970 bewies, dass ein Algorithmus das Problem des „Pattern Matching" im ungünstigsten Fall in einer Laufzeit von $O(n + m)$ löst. Dabei ist n die Länge des Textes und m die Länge des Suchmusters.

Im Jahr 1977 veröffentlichten die Professoren Donald E. Knuth, James H. Morris und Vaughan Pratt
10 ihre Version eines solchen Algorithmus, der in der Tat das Problem in der Laufzeit $O(n + m)$ löst.

Knuth und Pratt einerseits und Morris andererseits wählten unterschiedliche Ansätze zur Entwicklung des Algorithmus, die beide zum selben Ergebnis führten. Während Knuth und Pratt die theoretischen Ansätze Cooks nachvollzogen und auf dieser Grundlage ihren Algorithmus entwarfen, arbeitete Morris zeitgleich an einer Weiterentwicklung des naiven Suchalgorithmus, der das Pattern auf
15 intuitive, aber wenig effiziente Weise Zeichen für Zeichen durch den Text schiebt und vergleicht (s. Abschnitt 3). Die Veröffentlichung des Algorithmus erfolgte dann von den drei Autoren gemeinsam.

In dieser Seminararbeit wird die anschaulichere, weniger theoretische Herangehensweise von Morris erläutert. Dazu wird im ersten Schritt der naive Suchalgorithmus vorgestellt (s. Abschnitt 4.1) und darauf aufbauend werden dann die Verbesserungen durch den KMP-Algorithmus nachvollzogen.

20 # 2 Grundlagen/Begrifflichkeiten

Im weiteren Verlauf der Arbeit sind die Begriffe *Text* und *Pattern* wesentlich.

- Ein Text t besteht aus einzelnen Teilen t_i des Alphabetes $\sum$.
- Auch das Pattern p besteht aus dem gleichen Alphabet $\sum$.

Beispiel: Im Text *aabacababc* kommt das Pattern *abab* einmal vor (durch Unterstreichung kenntlich
25 gemacht): *aabacababc*.

Die Code-Beispiele in den folgenden Abschnitten verwenden einige wesentliche Variablen mit immer gleicher Bedeutung:

- n beschreibt die Textlänge eines Textes $t[]$.
- m beschreibt die Länge des Patterns $pattern[]$.
30 - i beschreibt den Index der aktuellen Stelle im Text $t[]$.
- j beschreibt die aktuelle Stelle im Pattern $pattern[]$.

1

3 Naiver Suchalgorithmus

3.1 Grundidee

Der Knuth-Morris-Pratt Algorithmus basiert auf dem naiven Suchalgorithmus. Dieser iteriert über den Text und vergleicht das Pattern mit dem String, indem er naiv vergleicht und jedes Mal den Index des Patterns um eins erhöht.

```
1    void naiveSearch()
2    {
3        int i = 0, j;
4        while (i <= n - m) //Schleife 1
5        {
6            j = 0;
7            while/*Schleife 2*/ (j < m && pattern[j] == t[i + j]) j++;
8            if (j == m) {
9                System.out.println("Found pattern "
10                    + "at index " + i);
11            }
12            i++;
13        }
14   }
```
Quellcode 1: Naiver Suchalgorithmus

Quellcode 1 implementiert den naiven Suchalgorithmus. Wie beschrieben wird in Zeile 4 mit While-Schleife 1 über den Text iteriert. Die 2. Schleife prüft nacheinander für jedes Zeichen des Patterns, ob es zur aktuellen Stelle im Text passt. Sie bricht ab, wenn ein Mismatch gefunden wurde.

3.2 Stringmatching am Beispiel

Der naive Suchalgorithmus iteriert über einen Text oder String und gleicht ein vorgegebenes Pattern mit dem String ab. Dabei betrachtet er alle möglichen Textpositionen als Startindex für das Pattern und gleicht davon ausgehend das Pattern mit den nachfolgenden Zeichen im Text ab.

Index	0	1	2	3	4	5	6	7	8
Text	A	A	B	C	A	A	A	B	D
	A	A	B	D					
		A	A						
			A						
				A					
					A	A	B		
						A	A	B	D

Tabelle 1: Naiver Suchalgorithmus am Beispiel

Wie in Tabelle 1 gezeigt, iteriert der naive Suchalgorithmus über den gesamten String. Der Algorithmus liefert ein korrektes Ergebnis, aber kann in Bezug auf die Laufzeit verbessert werden.

3.3 Laufzeitanalyse

3.3.1 Worst case

Wie oben in Quellcode 1 zu sehen, durchläuft der Algorithmus die i-Schleife $(n - m + 1)$ mal. Die j-Schleife wird höchstens m-mal durchlaufen. Somit gilt für die Anzahl der Vergleiche

$$V \leq (n - m + 1) * m.$$

Also gilt
$$V \in O(n * m)$$

Da wir den schlechtesten Fall betrachten, wird die Schleife tatsächlich m mal durchlaufen, zum Beispiel wenn ein Text t = bbbb...bc mit dem Pattern p = bbb...bc gematcht wird. Hier wäre die Anzahl der nötigen Vergleiche wieder $V \leq (n - m + 1) * m$.

Zum Abschätzen wählen wir einen realistischen Wert und setzen voraus, dass die Länge des Patterns nicht länger wird als $m \leq n/2$. Ist dies gegeben, gilt

$$V = (n - m + 1) * m \geq \left(\frac{n - n}{2 + 1}\right) * m \geq \frac{n}{2} * m.$$

Dann gilt
$$V \in O(n * m).$$

Der Algorithmus liegt folgendermaßen bei $O(n * m)$.

A	A	A	A	A	A	C
A	A	C				
	A	A	C			
		A	A	C		
			A	A	C	
				A	A	C

Tabelle 2: Naiver Suchalgorithmus worst case

Als Beispiel wird das Pattern *aac* mit dem Text *aaaaaac* gematcht (Tabelle 2). Bei jedem Vergleich wird erst beim letzten Index des Patterns ein Mismatch festgestellt.

3.3.2 Best case

Im besten Fall liefert der Vergleich bei Index 0 des Patterns immer ein Mismatch, oder ein Match, wenn das Pattern an dieser Stelle gefunden wird. Somit sind $O(n)$ Vergleiche nötig.

3.3.3 Average case

Um den durchschnittlichen Fall zu bestimmen, wird auf die Wahrscheinlichkeit des Erscheinens der einzelnen Zeichen eingegangen. Mit v sei die durchschnittliche Anzahl der Zeichenvergleiche pro Position i des Textes gegeben, also die durchschnittliche Anzahl der Durchläufe der while-Schleife (Quellcode 1). Geht man davon aus, dass nicht lediglich ein Zeichen mit 100% Wahrscheinlichkeit im Text vorkommt, lässt sich die Anzahl der Vergleiche unabhängig vom Muster abschätzen. Hier erhalten wir eine Laufzeit von $O(n)$.

3

4 KMP-Algorithmus

4.1 Grundidee

Betrachtet man den naiven Suchalgorithmus, fällt auf, dass eine Textstelle t_k bis zu m mal mit dem Pattern verglichen werden kann. Wenn der Vergleich von $t_k \dots t_{k+m-1} = p_0 \dots p_{m-1}$, mit $t_{k+1} \not\equiv p_i$, $j < m - 1$ fehlschlägt, wird als nächstes das gleiche mit $t_{k+1} \dots t_{k+m}$ überprüft. Also werden am Ende $i - 1$ Werte doppelt überprüft.

Index	0	1	2	3	4	5	6	7	8
Text	A	A	B	C	A	A	A	B	D
	A	A	B	D					
		A	A						

Tabelle 3: Problem naiver Suchalgorithmus

Das Beispiel in Tabelle 3 zeigt an Index 1 folgendes Verbesserungspotential: Index 0, 1 und 2 wurden bereits abgeglichen, dennoch setzt der Algorithmus den nächsten Vergleich bei Index 1 an.

Um zu versuchen, den naiven Suchalgorithmus zu verbessern, wird die vorherige Erkenntnis genutzt und eine einfache, aber falsche Lösung ausprobiert. Wenn $t_{k+i} \not\equiv s_i$ auftritt, wäre es am einfachsten, mit dem Vergleich $t_{k+i} \dots t_{k+i+m-1} = p_0 \dots p_{m-1}$ fortzufahren.

Index	0	1	2	3	4	5	6	7	8
Text	A	A	B	C	A	A	A	B	D
	A	A	B	D					
			x	x	A	A	B	D	

Tabelle 4: Erste Verbesserung Naiver Suchalgorithmus

In Tabelle 4 sehen wir, dass dieses Vorgehen in diesem Fall kein Problem darstellen würde, da kein Match verpasst wurde.

Wird nun aber angenommen, dass ein Match in unserem übersprungenen Teil anfängt, so ist dieser Ansatz falsch, da es einfach übersprungen werden würde. Im Folgenden bezeichnen wir die Länge dieses Präfix des Patterns mit q. Der korrekte Ansatz besteht darin, $t_{k+q} \dots t_{k+q+m-1}$ mit $p_0 \dots p_{m-1}$ zu vergleichen, mit $0 \leq q < i$.

Index	0	1	2	3	4	5	6	7	8
Text	A	A	B	C	A	A	A	B	D
	A	A	B	D					
			x	x	A	A	B	D	
					A	A	B	D	
					x	x	A	A	B	D

Tabelle 5: Idee hinter Knuth-Morris-Pratt Algorithmus

Dies wird in Tabelle 5 deutlich. Da Index 4 und 5 wieder übersprungen werden, wird auch das Match an Index 5 übersehen.

Das Problem wird gelöst, indem ein *PartialMatchTable* gebildet wird. Wenn ein Vergleich, der am Index k beginnt und am Index i fehlschlägt, können in diesem Bereich noch Startpunkte für ein neues Match des gesamten Patterns entstehen. Eine Übereinstimmung kann innerhalb des getesteten Bereiches $t_{k+i-q} \dots t_{k+i-j} = p_0 \dots p_{q-1}$, mit $0 < q < i - j$ also nur stattfinden, wenn

4

$p_{i-q} \dots p_{i-1} = p_0 \dots p_{q-1}$. In Klartext bedeutet es, dass es ein echtes Präfix von p geben muss, welches auch gleichzeitig ein echtes Suffix von $p_0 \dots p_{i-j}$ ist. (Goos, 2001)

4.2 Präfix-Suffix Array

120 Der Schlüssel für die Laufzeitverbesserungen des Knuth-Morris-Pratt Algorithmus ist der *PartialMatchTable* (auch Präfix-Suffix-Array genannt). Um zu erklären, wie dieser aufgebaut wird, schauen wir uns das Beispiel *abab* an. Für die korrekten Präfixe kommen alle Zeichen des Strings in Frage außer dem letzten. Also *a*, *ab*, *ab*, *aba*. Für die Suffixe passiert das gleiche von der anderen Seite. Die korrekten Suffixe lauten demnach *bab*, *ab*, *ab*, *b*. Hiermit werden die Werte des Arrays
125 nach folgendem Leitsatz gebildet:

Der Wert des PartialMatchTables ist die Länge des längsten korrekten Präfixes im (Sub)Pattern, welches ein korrektes Suffix des (Sub)Patterns matcht.

Pattern	A	B	A	B
Index	0	1	2	3
PartialMatchTable	x	x	x	x

Tabelle 6: "PartialMatchTable" erstellen 1/5

An Stelle 1 des „PartialMatchTables" ist der Wert immer 0, da ein einzelner Character kein Pattern
130 sein kann (Tabelle 7).

Pattern	A	B	A	B
Index	0	1	2	3
PartialMatchTable	0	x	x	x

Tabelle 7: "PartialMatchTable" erstellen 2/5

Gehen wir nun zur Stelle 2, wird „ab" betrachtet. Hier gibt es nur das Präfix *a* und das Suffix *b*. Da kein Match vorliegt, ist an Stelle 2 der Wert auch 0 (Tabelle 8).

Pattern	A	B	A	B
Index	0	1	2	3
PartialMatchTable	0	0	x	x

Tabelle 8: "PartialMatchTable" erstellen 3/5

135 Betrachten wir den String *aba* an Stelle 3 (Index 2), so sind nur die Zeichen von 1-3 von Interesse. *aba* besitzt die Präfixe *a* und *ab*, sowie die Suffixe *ba* und *a*. Da nur *a* und *a* ein Präfix und ein Suffix ist, hat Stelle 3 den Wert 1 (Tabelle 9).

Pattern	A	B	A	B
Index	0	1	2	3
PartialMatchTable	0	0	1	x

Tabelle 9: "PartialMatchTable" erstellen 4/5

An Stelle 4 haben wir das Pattern *abab*, es entstehen also die Präfixe *a*, ab, *aba* und die Suffixe *bab*,
140 *ab*, *b*. Das Längste Präfix was auch ein Suffix ist, ist in diesem Fall *ab* und hat die Länge 2. Der Wert des *PartialMatchTables* an Stelle 4 ist demnach 2 (Tabelle 10).

Pattern	A	B	A	B
Index	0	1	2	3
PartialMatchTable	0	0	1	2

Tabelle 10: "PartialMatchTable" erstellen 5/5

Mit dem abschließenden Schritt in Tabelle 10 ist der „PartialMatchTable" vollständig gebildet.

145 Der „PartialMatchTable" wird benutzt, um bereits verglichene und gematchte Zeichen im nächsten Abgleich zu überspringen. Dies funktioniert nach der Idee:

PartialMatchTable[0] … PartialMatchTable[j-1] muss nicht gematcht werden, da durch die Präfix-Analyse klar ist, dass die Zeichen sowieso matchen.

150
```
1        else if (i < N && pat.charAt(j) != txt.charAt(i)) {
2                if (j != 0)
3                        j = partialMatchTable[j - 1];
```

Quellcode 2: Ausschnitt Knuth-Morris-Pratt Algorithmus

Was in Quellcode 2 in Zeile 3 zu sehen ist, wird in Abbildung 1 nochmal verdeutlicht.

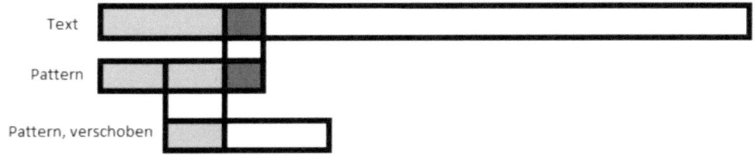

155 *Abbildung 1: Idee des Verschiebens visualisiert*

Im nächsten Abschnitt wird beispielhaft der String *aabacababc* mit dem Pattern *abab* schrittweise nach den Regeln des Algorithmus gematcht. (www-igm.univ-mlv.fr, 2001) (www.geeksforgeeks.com, kein Datum)

4.3 Stringmatching am Beispiel

In diesem Kapitel wird beispielhaft ein Text *aabacababc* mit einem Pattern *abab* verglichen. Für dieses Pattern wurde im vorherigen Abschnitt schon der *PartialMatchTable* gebildet.

String = AABACABABC

Pattern = ABAB

165 PartialMatchTable = [0, 0, 1, 2]

Index	0	1	2	3	4	5	6	7	8	9
Text	A	A	B	A	C	A	B	A	B	C
Pattern	A	B	A	B						

Tabelle 11: Stringmatching am Beispiel 1/5

Im ersten Schritt startet der KMP genau wie der naive Suchalgorithmus und vergleicht das Pattern ab Index 0 mit dem zu matchenden String (Tabelle 11). Bei Index 0 ist ein match, also fährt der Algorithmus bei Index 1 fort. Hier gibt es ein mismatch. Da nur an der ersten Stelle ein match
170 gefunden wurde, wird das Pattern auch nur um eine Stelle verschoben.

Index	0	1	2	3	4	5	6	7	8	9
Text	A	A	B	A	C	A	B	A	B	C
Pattern		A	B	A	B					

Tabelle 12: Stringmatching am Beispiel 2/5

Im nächsten Vergleich entsteht ein „partial match" der Länge 3 bei Index 1, 2 und 3 (Tabelle 12). Wir haben ein partial match der Länge „3" gefunden und der erstellte „PartialMatchTable" an der Stelle [3-1], also [2], hat den Wert 1.

```
175  1              // mismatch after j matches
     2              else if (i < N && pattern.charAt(j) != txt.charAt(i)) {
     3                  if (j != 0)
     4                      j = partialMatchTable[j - 1];
```
Quellcode 3: Quellcode Anwendung PartialMatchTable

180 In der letzten Zeile des Quellcode-Ausschnitts (Quellcode 3) wird deutlich, dass das i auf Index 4 stehen bleibt und j auf *partialMatchTable*[j -1] = 1 gesetzt wird.

Index	0	1	2	3	4	5	6	7	8	9
Text	A	A	B	A	C	A	B	A	B	C
Pattern		x	x	(A)	B	A	B			

Tabelle 13: Stringmatching am Beispiel 3/5

Nach diesem Schritt steht j auf 1 und i auf 4. Dies bedeutet, dass der nächste Vergleich bei Index 4 startet und das A bei Index 3 nicht mehr verglichen wird.

Index	0	1	2	3	4	5	6	7	8	9
Text	A	A	B	A	C	A	B	A	B	C
Pattern		x	x	x		A	B	A	B	

185 Tabelle 14: Stringmatching am Beispiel 4/5

Bei Index 5 findet der Algorithmus ein Match. Die Ausgabe des Algorithmus lautet „Das Pattern matcht bei Index 5 des Strings" (Tabelle 14).

7

Index	0	1	2	3	4	5	6	7	8	9	
Text	A	A	B	A	C	A	B	A	B	C	
Pattern		x	x	x				A	B	A	B

Tabelle 15: Stringmatching am Beispiel 5/5

Nach einem Match passiert das gleiche wie nach einem partiellen Match, j wird um
PartialMatchTable[j-1] nach rechts verschoben. In diesem Fall steht i auf Index 8 und j auf Index 1.
Wenn i < N wird, bricht der Algorithmus die Vergleiche ab (Tabelle 15). (Donald E. Knuth, 1977)
(www.geeksforgeeks.com, kein Datum)

4.4 Laufzeitanalyse

195 Um die Laufzeit des Algorithmus zu bestimmen, müssen wir die Laufzeiten der Erstellung des Präfix-Arrays und die Laufzeit der eigentlichen Patternsuche addieren.

Die Präfixanalyse iteriert einmal über das zu vergleichende Pattern, so entsteht eine Laufzeit von $O(m)$, mit m = Länge des Patterns.

Bei der KMP-Suche wird nur einmal über den vollständigen Text iteriert. Zur besseren Übersicht hier
200 der vollständige Quellcode:

```
1 class KMP_String_Matching {
2     void KMPSearch(String pattern, String txt)
3     {
4         int M = pattern.length();
5         int N = txt.length();
6
7
8         int partialMatchTable[] = new int[M];
9         int j = 0; // index for pattern[]
10
11         //preprocess the parial match table
12         computePartialMatchTable(pattern, M, partialMatchTable);
13
14         int i = 0; // index for txt[]
15         while (i < N) {
16             if (pattern.charAt(j) == txt.charAt(i)) {
17                 j++;
18                 i++;
19             }
20             if (j == M) {
21                 System.out.println("Found pattern "
22                     + "at index " + (i - j));
23                 j = partialMatchTable[j - 1];
24             }
25
26             // mismatch after j matches
27             else if (i < N && pattern.charAt(j) != txt.charAt(i)) {
28
29                 if (j != 0)
30                     j = partialMatchTable[j - 1];
31                 else
32                     i = i + 1;
33             }
34         }
35     }
```

Quellcode 4: Gesamter Quellcode für die Laufzeitanalyse

Die Schleife durchläuft den Text in n Schritten. Jedes Teilmatch wird teilweise übersprungen, so kommen wir auf eine Bilanz von maximal $2n$ Operationen. Somit liegt die Laufzeit der Suche bei $O(n)$.

240 Da der *PartialMatchTable* erstellt werden muss, bevor der Textvergleich beginnt, werden die Laufzeiten der beiden Methoden addiert und man erhält eine Laufzeit von $O(m + n)$.

5 Laufzeitvergleich

Die vorgenommenen Verbesserungen am naiven Suchalgorithmus verbessern natürlich auch dessen Laufzeit. Auch wenn dieser bei einem best oder average case auf eine lineare Laufzeit von $O(n)$ kommt, ist dies in der praktischen Anwendung selten der Fall. Wenn Patterns gematcht werden, gibt es oft auch nur Teile des Patterns, die matchen. Jedes Teilmatch erhöht die Laufzeit des Algorithmus. Durch die verschachtelte Schleife im naiven Suchalgorithmus und das ständige matchen schon verglichener Zeichen braucht er im worst case eine Laufzeit von $O(n*m)$.

Der Knuth-Morris-Pratt Algorithmus geht genau auf dieses Problem ein. Mit der vorherigen Analyse des Patterns gewinnt der Algorithmus an wichtigen Informationen zu einer relativen kleinen Laufzeiteinbuße von $O(m)$, mit m: Länge des Patterns.

Danach startet erst die eigentliche Suche, in der nur einmal über den gesamten Text iteriert werden muss und nicht zusätzlich immer wieder über das Pattern. Jedes Teilmatch, welches beim naiven Suchalgorithmus weggeworfen wurde, wird hier als wertvolle Information behandelt und durch eben diese können Passagen im Text übersprungen werden. Damit erreicht der Knuth-Morris-Pratt Algorithmus eine Laufzeit im worst case von $O(n+m)$ und schlägt mit dieser linearen Laufzeit den naiven Suchalgorithmus mit seiner Laufzeit von $O(n*m)$.

Oft wird der „Boyer-Moore Algorithmus" (www.Wikipedia.org, 2019), ein weiterer Pattern Matching Algorithmus, mit dem Knuth Morris-Pratt Algorithmus verglichen. Dieser schafft es nämlich in bestimmten Fällen, den Knuth-Morris-Pratt Algorithmus zu unterbieten mit einer Laufzeit von $O(\frac{n}{m})$.

6 Anwendung

Der Knuth-Morris-Pratt-Algorithmus findet in verschiedenen Bereichen Anwendung. Für in natürlicher Sprache verfasste Texte ist er jedoch nicht geeignet, da es wichtig ist, dass in dem zu suchenden String möglichst wenig Zeichen vorhanden sind. Es würde wenig Sinn ergeben, in z.B. einem Buch nach einem bestimmten Wort zu suchen, da sich selten ein brauchbares PräfixSuffix-Array ergeben würde.

Eine wichtige Anwendung ist das Matchen von DNA Ein DNA String besteht aus lediglich vier verschiedenen Zeichen (A, G, C, T) und eignet sich somit sehr gut, die Laufzeit von $O(n+m)$ zu erreichen. In der DNA-Forschung wird unter anderem nach Krankheiten und anderen Anomalien mit dem Knuth-Morris-Pratt Algorithmus gesucht. (S. Rajesh, 2010)

7 Zusammenfassung

Der Knuth-Morris-Pratt Algorithmus wurde 1977 von den Professoren Donald E. Knuth, James H.
Morris und Vaughan Pratt veröffentlicht. Ihr Verfahren stellt eine effiziente Lösung für das Problem
des Pattern Matchings für Strings mit linearer Laufzeit dar.

Dem Ansatz von Morris folgend, wird der Knuth-Morris-Pratt Algorithmus in dieser Arbeit als
Weiterentwicklung des naiven Suchalgorithmus hergeleitet. Dieser schiebt ein Pattern Zeichen für
Zeichen durch einen String und vergleicht das Pattern mit dem String. Dieser intuitive Algorithmus
erreicht allerdings nur eine schlechte Laufzeit von $O(n * m)$.

Der Knuth-Morris-Pratt Algorithmus erweitert diesen Ansatz und nimmt zunächst eine Voranalyse
des zu vergleichenden Patterns vor. Dabei wird das Pattern auf identische Präfixe und Suffixe
überprüft. Mit diesen Informationen kann der Algorithmus in der eigentlichen Suchphase Passagen
im Text überspringen. Mit Hilfe dieser Verbesserungen gelingt es dem Algorithmus, eine lineare
Laufzeit von $O(m + n)$ im schlechtesten Fall zu erreichen.

Anwendung findet der Knuth-Morris-Pratt Algorithmus beispielsweise in der DNA-Forschung. Da die
Suchtexte nur aus vier verschiedenen Zeichen (A, G, C, T) bestehen, ist die Trefferquote der Präfixe
und Suffixe sehr hoch. Entsprechend wirkungsvoll ist das Voranalysieren des Patterns.

Für andere Anwendungen wurden weitere Varianten von Algorithmen für das Pattern Matching
entwickelt. Ein Beispiel ist der Boyer-Moore Algorithmus, der für Suchen in Texten mit einer
größeren Anzahl Zeichen im Alphabet effizienter arbeitet.

Zusammenfassend ist der Knuth-Morris-Pratt Algorithmus eine sehr intelligente Weiterentwicklung
des naiven Algorithmus für Pattern Matching. Seine Stärken spielt er bei Texten mit kleinen
Alphabeten aus. Für andere Anwendungsfälle sind alternative Suchalgorithmen besser geeignet.

8 Literaturverzeichnis

Donald E. Knuth, J. H. (2. Juni 1977). *www.semanticsholar.org.* Von https://pdfs.semanticscholar.org/4479/9559a1067e06b5a6bf052f8f10637707928f.pdf abgerufen

Goos, G. (2001). *Vorlesung über Informatik Band 2 Auflage 3.* Springer Verlag.

Lang, H. (4. Juni 2018). *www.inf.fh-flensburg.de.* Von http://www.inf.fh-flensburg.de/lang/algorithmen/pattern/kmp.htm abgerufen

S. Rajesh, S. P. (2010). www.semanticscholar.org/. *©2010 International Journal of Computer Applications (0975 - 8887).*

www.geeksforgeeks.com. (kein Datum). Von https://www.geeksforgeeks.org/kmp-algorithm-for-pattern-searching/ abgerufen

www.wikibooks.org. (4. Februar 2017). Von https://de.wikibooks.org/wiki/Algorithmen_und_Datenstrukturen_in_C/_KMP-Algorithmus abgerufen

www.Wikipedia.org. (9. November 2019). Von https://de.wikipedia.org/wiki/Boyer-Moore-Algorithmus abgerufen

www-igm.univ-mlv.fr. (14. Januar 2001). Von http://www-igm.univ-mlv.fr/~lecroq/string/node8.html#SECTION0080 abgerufen

9 Tabellenverzeichnis

10 Quellcodeverzeichnis

11 Abbildungsverzeichnis

13

12 Anhang

```
      class KMP_String_Matching {
          void KMPSearch(String pattern, String txt)
345       {
              int M = pattern.length();
              int N = txt.length();


              int partialMatchTable[] = new int[M];
350           int j = 0; // index for pattern[]

              //preprocess the parial match table
              computePartialMatchTable(pattern, M, partialMatchTable);
355
              int i = 0; // index for txt[]
              while (i < N) {
                  if (pattern.charAt(j) == txt.charAt(i)) {
                      j++;
360                   i++;
                  }
                  if (j == M) {
                      System.out.println("Found pattern "
                          + "at index " + (i - j));
365                   j = partialMatchTable[j - 1];
                  }

                  // mismatch after j matches
                  else if (i < N && pattern.charAt(j) != txt.charAt(i)) {
370
                      if (j != 0)
                          j = partialMatchTable[j - 1];
                      else
                          i = i + 1;
375               }
              }
          }
```

```
        void computePartialMatchTable(String pattern, int M, int partialMatchTable[])
380     {

            int l = 0; // length of the previous longest prefix suffix
            int i = 1;
            partialMatchTable[0] = 0; // partialMatchTable[0] is always 0
385
            //calculates partialMatchTable[i] for i = 1 to M-1
            while (i < M) {
                if (pattern.charAt(i) == pattern.charAt(l)) {
                    l++;
390                 partialMatchTable[i] = l;
                    i++;
                }
                else // (pattern[i] != pattern[l])
                {
395
                    if (l != 0) {
                        l = partialMatchTable[l - 1];

400                 }
                    else // if (l == 0)
                    {
                        partialMatchTable[i] = l;
405                     i++;
                    }
                }
            }
        }

410


        void naiveSearch()
415     {
            int i = 0, j;
            while (i <= n - m) //Schleife 1
            {
                j = 0;
420             while/*Schleife 2*/ (j < m && pattern[j] == t[i + j]) j++;
                if (j == m) {
                    System.out.println("Found pattern "
                            + "at index " + i);
                }
425             i++;
            }
        }
```